# 修行人的導航

的導航

救世主王慈愛／講述

雲深法明（俗家名：王麻霖）／編著

◆重要說明

　　本書《修行人的導航》中，所稱之「公主」，即「救世主王慈愛」，祂於 2003 年已是藥師佛階。


　　此書分上、下篇兩篇：上篇〈修行人的導航——公主（救世主）開示〉，為 2022 年 1 月分救世主所開示；下篇〈藥師佛親口宣說之修行心法〉，為 2011 年公主為藥師佛階時所開示。（關於下篇，公主於 2022 年 1 月分，予以審訂和補充，詳情請見文中說明，此不贅述。）


◆略為整理「相關因緣之時間線」如下：

| 2003 年 | 1 月 28 日，公主王慈愛是藥師佛階。 |
| --- | --- |
| 2011 年 | 成立藥師佛居士林道場，開始為神權工作，效力。 |
| 2012 年 | 12 月 31 日，地球第四文明的結束日，地球第四文明共 5125 年。 |
| 2013 年 | 公主已是地球神權的總指揮。地球進 |

| | 入第五文明。 |
|---|---|
| 2015 年 | 袖的位階到達「公主星時，拋掉高法身，真修實行」。 |
| 2018 年 | 法身、高法身的制度全面廢除，神權已經渡過末劫。「上永恆結束了，下永恆無始無終，永恆運行。」 |
| 2021 年 | 「在 2021 年 9 月 28 日，我已經把管理地球的神權，交接給我師父，釋迦牟尼佛，及弟子，彌勒佛。」 |

　　公主從扶助舊宇宙神權，到發現舊宇宙神權頹敗不堪，乃至舊宇宙神權崩潰，公主「另起爐灶，在層層神尊助戰的努力之下，成功的完成創立新宇宙神權的功德量」。「神權的盤點，全宇宙共保住三分之二的星球，三分之一，已經爆炸了，來不及救他們。」

　　新宇宙神權恭稱公主為「救世主」。

關於上述細節，請參見公主王慈愛親自著作之《2019：預言到兌現》一書。書中不只記錄這十多年來的地球大事、宇宙大事，在這些事件紀錄裡，更蘊藏著「公主於修行路上如何過關的珍貴訣竅」，這是「直捷了當的修行心法，真修實鍊而來的累世智慧」，極其寶貴且殊勝。若說「公主開示之修行心法」足以作為所有修行人的導航，此語實乃當之無愧。

◆ 重要書目

　　王慈愛：《2019：預言到兌現》，台中：白象文化，2021 年 5 月初版一刷。

◆ 相關書目

　　達賴喇嘛、Chan, Victor 著，朱衣譯：《寬恕：達賴喇嘛的人生智慧》，臺北：時報文化，2005 年初版。

　　星空穩：《下永恆運行 改朝換代的人生：新地球人文主義》，台中：白象文化，2018 年 8 月初版一刷。

2022 年

| 日期 | 此書相關訊息 |
|---|---|
| 1 月 8 日 | 公主指示著書。<br>（新宇宙神權恭稱公主為「救世主」） |
| 1 月 9 日 | 第一次提問，公主開示。 |
| 1 月 10 日 | 公主指示：<br>「讓大家稱呼我，公主。不用加殿下。」 |
| 1 月 11 日 | 公主賜書名為《修行人的導航》 |
| 1 月 13 日 | 第二次提問，公主開示。 |
| 1 月 14 日 | 公主開示，親述經歷 |
| 1 月 16 日 | ◆公主審訂此書〈藥師佛親口宣說之修行心法〉篇章。<br>◆公主開示：「從舊宇宙神權，走到新宇宙神權，導引一下地球的修行人也好。」 |
| 1 月 17 日 | ◆（請示公主「作者欄」如何寫為 |

| | |
|---|---|
| | 宜？） |
| | 公主指示:「救世主王慈愛述,雲深法明編著（俗家名:王麻霖）。」 |
| | ◆地球神權:訊息:全力護航。 |
| | ◆公主指示:此書,中翻英的權力,給周鳳琪。 |
| | ◆22:41 第三次提問。 |
| 1月18日 | ◆公主於凌晨00:32對「1月17日提問」作開示暨回覆 |
| | ◆公主慈悲指示:「印書的錢,可以我先出,多少錢,告訴我。」 |
| | ◆（請示公主售價如何訂？） |
| | 公主開示:「我請示:創世主答,訂價640元。」 |
| 1月19日 | ◆創世主訊息:別管建議售價,累世修為的智慧,不能低價賤踏。 |
| 1月28日 | ◆救世主王慈愛審訂《修行人的導航》全書。並指示:「之後『下永恆新紀元』改為『下永恆新宇 |

| | |
|---|---|
| | 宙』，因這樣會讓人比較能理解。」 |
| 1月31日 | ◆公主開示:「請標示時間，在我藥師佛位階時，提問是2011年，因神權改朝換代了，這樣才不會混淆。因我是地球人，所以神權以地球年為標竿，做紀錄。」 |
| 2月9日<br>（20：57） | ◆公主總校審訂暨開示<br>一、我未回覆，天律那則。<br>　　因新宇宙神權，也還在測試，有時修正，對該星球合宜的法規（因各星球，維度不同），會由該星球的輪值佛帶領，地球人，不必擔心。<br>二、<br>　　阿彌陀佛是當初助戰的五方佛之一，西方極樂世界，現統稱淨土。 |

| | 校稿完成。 |
|---|---|

　按：公主於審訂過程，亦對「一些用字或編著者疏忽之處」予以指導並修正。關於此部分，編著者依公主指示直接修訂於文中，在此不另羅列說明。

# 目錄

【救世主偈】 14

★公主（救世主）親序 15

〰〈趕緊 update〉雲深法明 序 17


上篇 修行人的導航——
　　公主（救世主）開示 27

〰拜見 公主 28


★修行人的導航 29

　一、2022 年 1 月 9 日 公主開示 29

　二、2022 年 1 月 10 日 公主開示 43

　三、2022 年 1 月 13 日 公主開示 45

　四、2022 年 1 月 14 日
　　　公主開示，親述經歷 64

　五、2022 年 1 月 18 日 公主開示 68

# 下篇　藥師佛親口宣說之修行心法 77

此篇為救世主（公主）於 2011 年仍為藥師佛階所宣說，2022 年 1 月 16 日公主親自審訂此篇，於 1 月 31 日指示「標示時間」。

| | |
|---|---|
| 一、大局為重 | 78 |
| 二、與法界相處 | 79 |
| 三、謙虛 | 81 |
| 四、落實心性／修改本性 | 83 |
| 五、真心 | 87 |
| 六、喜悅 | 88 |
| 七、處境／面對困境 | 89 |
| 八、原則 | 91 |
| 九、做事 | 92 |
| 十、修行 | 102 |
| 十一、信受 | 105 |
| 十二、內省、不外求、無所求 | 106 |
| 十三、佛經 | 107 |

十四、知足、感恩、寬恕、愛　　　　109

十五、錢／物　　　　　　　　　　111

十六、冤親債主　　　　　　　　　112

十七、考試　　　　　　　　　　　112

十八、其它　　　　　　　　　　　113


後記　　　　　　　　　　　　　117

# 【救世主偈】

轉世於世間

是來學習的

來完成使命

遇到的事情

即是須做事

# ★公主（救世主）親序

　　引用使我受益的達賴喇嘛，寬恕一書，所分享：實際上，有點像是閃電擊中他的胸口。他的感覺就像是被電到了一樣。像是電流貫穿過你的全身？

　　是的，修行人，惟有如此經歷，您的肉身，才有通過考驗，才有和您的累世修為接軌，才能在修行路上，繼續前行。

　　我非常感恩達賴喇嘛的無私分享，在人間，我敬他如師，也因祂的分享，讓我學習到寬恕，雖然在人間，我們未曾謀面，但意識交流過幾回，這尊已圓滿尊者階，往挑戰菩薩階的路上，在人間，也獲得諾貝爾和平獎的殊榮。

我這一世，是以藥王菩薩，第五次轉世，神尊轉世，自帶各隨位階的人間財。記得小時候，王家一直在買土地，直到我 14 歲，父親五兄弟分家產，每人分到至少一甲多的房屋，土地。所以總結，修得愈高階，錢，權，都會愈多愈高，這是世人，最想要的。

　　　　　　　　　　　　2022 年 1 月 13 日

# 〈趕緊 update〉

雲深法明　序

「趕緊 update！趕緊 update！趕緊 update！」
這是我想對您們分享的訊息，
因為很重要，所以說三次。

＊　＊　＊　＊　＊　＊　＊　＊　＊　＊　＊

　　地球的朋友們，「趕緊 update」，這是我最想分享給您們的訊息。

　　在地球，我並沒有什麼累世修為，這輩子原本我沒有著書或講經說法的打算，因為我會擔心因自己傳遞錯誤的觀念而誤導別人。然而，承蒙公主恩德，給予我這個機會和信心與您們分享，因為有公主的審定，所以我能很安心地傳遞訊息給您們。

我小時候，就接觸過〈普門品〉，也算恭敬觀世音菩薩。但年輕的時候，因為未遇到真正的善知識，而後逐漸走入道教靈山的修法，也因此碰觸一些術法。然而，那些東西未能給我帶來人生上的安隱，反而為我攬上許多麻煩事，我真心祈禱「各種術法，從全宇宙徹底消失」。險幸，在公主（之前是藥師佛階）的引導下，逐漸地學習到珍貴的佛法。

說實在話，對於「佛法」這個詞，在我的理解裡，原本的意思就是「佛所教導的修行（修心）方法」，但不知為什麼，在後來人們的運作下，卻變成了一種「宗教」。

本來，「宗教」這個意思，也不是不好，對我而言，「宗教」這個詞彙的意思也很單純。「宗」，以現代的意思，可以理解成「理念／精神」，而「教」，就是「教導」或「傳遞」。因此，合起來說，「宗教」就是一種「理念的傳遞」。但到後來，不得不說「宗教」已經摻和了許多

「人為的味道」。

　　所以，雖然我個人以前接觸過道教，而目前在佛門裡學習，但我都不覺得自己是一名宗教人士。對我個人而言，真理就是真理，我只是在探索宇宙真理，為什麼我要被您們所設定的「宗教」這個詞條所侷限呢？！難道宇宙的真理會被侷限在宗教當中嗎？又，難道現今各宗教所傳遞的內容，一定就相符於宇宙真理嗎？以佛教來說，又要分什麼「宗」，什麼「派」，什麼「門」……，個人感覺，其實很多都是「人，自己在分的」。

　　其實，現今我們地球人遇到的一大問題，就是「缺乏能『因病與藥』的人」。以佛門而言，大家說佛法有八萬四千法門，重點是，我們年壽有限，您要如何去研究完八萬四千法門，然後再從中找到一個適合自己的法門？以「藥」治「病」為喻，現下有一人生病，得了急症，恐怕命不久矣。莫非他要先研究八萬四千帖藥

方，然後再從中找一帖治這病的藥。如此，可能他還沒研究透徹，就已經與世長辭了。所以說，為什麼遇到佛，遇到能觀機逗教的大善知識，是很難能可貴的。因為，他／她直接對症下藥，不但是開了能醫你病症的藥方，而且，各味藥的比例恰到好處，且藥劑的量也恰到好處，減省我們研究八萬四千種藥方的時間。

這不是說您不能去研究這八萬四千種藥方，而是縱然您研究完畢，請問您要依哪一帖藥治病？

為什麼向您們說明這件事？因為，我有些同參就是如此，二、三十歲，很聰明，但一下接觸這個法門，一下又聽說哪個懺悔法好，一下又聽他說接觸了哪位法師。有一次，我請教他：「那你有找到適合你，想要一輩子行持的法門嗎？」他說：「還沒。」

這怎麼辦才好呢？

　　所以，我很感恩 公主直接開示修行的心法、佛祖法要，祂從來不跟我們拐彎抹角，直切重點。昨天（2022 年 1 月 15 日），重新 Key 之前公主開示的心法法要，雖然很慚愧，很多內容我自己都還沒做到，但一邊整理，卻也感覺心靈漸漸沈澱下來。整理到後來，我真的不禁由衷感嘆：「這每一句都好美。」那是一種心境平和安祥的美，真的好美，所以真修行人，尤其是已經成就了的修行人，她／他的話語是有力量的，是能夠安定人心，有助世界祥和的。因為，那些話語當中，就傳遞了她／他寂靜祥和的心靈層次。

　　公主 2022 年 1 月 8 日，指示要著書，可以把祂講的紀錄下來。

　　1 月 11 日，賜予此書名為《修行人的導航》。

　　今天整理過程中，再次感覺到「公主真的好慈悲」。原來，祂期許所有修行人能成就，不

忍修行人走錯路，而將祂一路走來，乃至成佛，乃至修到宇宙最高階的這些過關心法，這些智慧與經驗，無私地與所有修行人分享。

說到這裡，真的很慶幸自己能遇到「真正的大善知識」，告知我們修行心法，告知我們「下永恆新紀元」已經來臨，讓我們能夠體認到地球第五文明已經到來，且地球已揚升至五維的事實。否則，我們可能也是渾然不知，反而，還會一直認為自己過去所認定的觀念是絕對真理。

全星際宇宙已經發生巨變了，已經改朝換代，舊神權已經瓦解，由「新宇宙神權」管理。請各位趕快把自己的「資料庫 update」。

不論是什麼宗教，尤其是佛教徒，請不要一聽到「神權」就輕蔑，就跳腳，就反彈，就不願去理解，很多時候，那只是個稱呼。況且，已經進入新紀元，我們又何必拿著一套舊朝代

的觀點思維，硬要套在新紀元裡使用？

　　就像以前認為「世無二佛」、女人不能成佛、
居士不能成佛⋯⋯。但，在新紀元裡，神權已
修改規定，如 2022 年 1 月 8 日公主開示的，地
球已經認主，認「新宇宙神權」第一任的輪值
佛——釋迦牟尼佛和彌勒佛為主。釋迦牟尼佛
和彌勒佛配對而來，同時應世，這不就打破以
往認知的「世無二佛」觀念。

　　而「女人不能成佛、居士不能成佛」這兩
點，公主也早都已經突破了。2022 年 1 月 8 日，
公主開示：（在舊神權裡）對女人很輕視。祂說
祂到上面去的時候，舊神權的存有都稱祂「小
妮子」。直到什麼時候才改變？

　　直到，當時地球鋪天蓋地的阿修羅，舊神
權存有打算放棄地球，在當時地球是全宇宙最
後一名，是一顆無關緊要、可有可無的星球。
可能在舊神權存有的眼中，地球哪怕被阿修羅

佔領，或地球爆炸毀滅，祂們都不會覺得可惜吧。

而在那種情況下，舊神權的存有都撤離地球，只剩公主（當時是藥師佛階）肉身還留在地球，那時孤立無援之下，公主開啟宇宙黑洞，逐漸清掃鋪天蓋地的阿修羅靈，解除了地球當時的危機。至此之後，舊神權存有才不再稱祂「小妮子」。

地球的危機遠遠不僅上述這一件，公主還開示道：2013 年俄羅斯上方掠過一顆隕石，在當時神權的介入下，有神權法力，先穿破那顆隕石。公主說，地球上沒有科技有這種能超越隕石的速度。（按：我曾在網路上看過這段影片，印象中有光點，以超高速穿過那顆隕石。）

而拯救地球之後，公主開始拯救其它的星球，公主說：「全宇宙中，有三分之一的星球已爆炸，存留了三分之二。神權盤點之後，告知

我。」觀察到我感到惋惜的神情，公主說：「已經很好了。」

公主因救了全星際宇宙，所以新神權稱祂為「救世主」。

公主也開示「狂心若歇，歇即菩提」的重要。公主說：歇息狂傲的心，是每一位修行人必過的一關。祂說有一位執行長從一開始就一直以謙卑的心跟隨祂。神權的權力之爭比人間更激烈。這位執行長，對公主極力相挺。就是這樣一路以謙卑的心，讓這位執行長一路升官。

公主開示道：宇宙的第一區域有一千個星際網路。到了要管理宇宙第一區域時，宇宙間有許多執行長，只有這位執行長扛得住，只有這位執行長能管理第一區域，其它沒辦法。（功德量跟不上是主因）

此外，公主還開示：「每個人都有自己的任務要完成，如果是自己打從內心想做的，就不

會感到累。譬如她們就知道，我只要談到修行，就很有精神。」然而，公主說衪這個肉身已經千瘡百孔了。聽到這裡，我覺得很難過又不捨，但也知道自己幫不上忙。只能祝福公主法體肉身都安康，能長久住世。

公主記憶力和口條真的絕佳，我慚愧自己業力深重，沒能記全，向大家懺悔。

要深入了解，請大家自行觀看公主親自著作的《2019：預言到兌現》，公主說裡頭有許多修行的心法。期許大家都能趕緊 update，趕緊更新自己的資料庫，更新心境，願我們共享黃金千年的美好。祝福地球永續經營。

感恩 公主，感恩新宇宙神權，感恩一路為我們努力至今的存有。

2022 年 1 月 16 日
〆 我只是一枝筆，公主才是這位寫書的人，才是此書中的智慧來源。

# 上篇　修行人的導航——
##　　　公主（救世主）開示

按：

從公主那聽聞到宇宙如此廣闊後，才知我們的
認知如此不足，

然而我們是如此地渺小無知，但又傲慢。

宇宙間發生了如此大的變動，

地球在救世主的救助下，已渡過末劫，

而多數的地球人卻渾然不知，

仍抱持著過去所認知的觀念過活，

自己框限了自己，同時要用那框限去框限別人。

祝福地球人也可以 update，懂得感恩與信受，

順利進入新紀元，享有得來不易的黃金千年。

（請地球的朋友們不要將此看作是一般開示，

如果您知道這有多麼難能可貴，您就會知道這

有多殊勝。）

　＊　＊　＊　＊　＊　＊　＊　＊　＊　＊　＊　＊

# 拜見 公主

　　2022 年 1 月 8 日，拜見 公主殿下，全宇宙的第一名，新宇宙神權恭稱祂為救世主，拯救地球而後又拯救宇宙的聖者，之前是藥師佛階。我儘量以平靜且無所求的心來拜謁，看到公主的嘴角有些黑淤，想必是又因為處理事情承受了苦痛，請保重聖體。

　　主要是擔心自己的習氣和不好的念頭又冒犯了如此尊貴的存在，於是在聽了一個階段之後，只好告退。感恩公主慈悲允許可以發問，今日有些個人疑問，承蒙公主殿下威德力故，讓我能有此問。恭請公主殿下解惑、同時也為未來地球的修行人解惑。

# ★修行人的導航

## 一、2022 年 1 月 9 日 公主開示

按：2022 年 1 月 9 日請示，公主當日開示

　　感恩公主慈悲允許可以發問，今日有些個人疑問，承蒙公主殿下威德力故，讓我能有此問。恭請公主殿下解惑、同時也為未來地球的修行人解惑。

　　1.
　　昨日公主開示：神權已經修改，現在的修行人不再孤單，都會找到愛，因為都是配對來的，譬如釋迦牟尼佛和彌勒佛同時降臨於世，而此是此星球未曾有過的，是第一次有佛的靈體直接降世。於此，我們深感榮幸，也感恩公

主為我們拼來這個下永恆新宇宙，黃金千年。

> 2022 年 1 月 28，公主審訂：之後下永恆新紀元改為下永恆新宇宙，因這樣會讓人比較能理解。

　　想請示公主：「不再孤單」這件事，包括各個宗教的出家修行人嗎？因為多數宗教的出家／離家修行人是不婚的，那「不再孤單，能找到愛」這件事，對於在家人／普羅大眾而言，可能指的是能找到一般所謂的「靈魂相契」或「靈魂伴侶」；對於出家修士而言，指的是在不婚的前提下，「能找到心靈相契的道友／善知識」嗎，還是指什麼意涵？


★公主開示：

「陰陽調和，配對轉世人間（各隨位階）。愛是
　付出，願意為對方付出的兩情相悅，因為相
　知相惜，所以生活美好，不再孤單，各宗教
　皆如此，新宇宙神權，以此方向推進。
　若已出家的人，有心靈契合的道友，也可，
　讓此生活在愛，喜悅，祥和中。感恩的心是

法要，報恩的人，會讓一切變得更美好。」


2.
　承 1，現在世間有所謂「靈魂伴侶」或「尋找靈魂的另一半」這些詞彙，這個與禪宗六祖惠能法師所說的「何期自性本自具足」是否有出入？我們怎麼樣看待「靈魂」這個詞／存在？「靈魂」真的有所謂的另一半嗎？真的像世人所說的「要找到靈魂的另一半才會圓滿嗎」？而這個問題與「下永恆新紀元」所強調的「真心、真愛、真性情」中的「真愛—pure love／true love」息息相關。恭請公主殿下為我們開解這個部分。


★公主開示：
「自性本自具足，是對的，
　向內求，才能讓神性激活。」

31

3.

　以往，在舊時代，釋迦牟尼佛的時代，制定比丘是七眾之首，現今很多人仍會認為「白衣上座」是不如法的，而進入新時代，尤其是釋迦牟尼佛再次降臨地球，與彌勒佛同時於地球「轉生（不知要用哪個詞彙比較恰當）」，且將來會以在家居士的身分應世，且公主開示：上天也將功德量的結算系統安置於藥師佛居士林道場，所以任何修行人一進到道場，就會開始結算這個修行人的功德量並作評比，包括完成階段功德量，此生進階。而藥師佛居士林道場，會成為之後地球修行人一生必朝之聖地。雖然對我個人而言，在遇見公主之後，已無「白衣上座如不如法」這個問題，但還是為之後的地球人請示一下這個問題。（公主，先前為藥師佛，因為公主是以居士身成就藥師佛階。）

　想請示公主：將來是不是出家跟在家的身份會逐漸齊平，也就是進入一個平等、美好的狀態，不要再以什麼身分為上首，就像公主昨日開示的「你不知道眼前的人是什麼身份來歷，

互相尊重」、「我們已達成共識，將來沒有以哪一尊佛為主，大家平等。」

2022 年 1 月 28 日，公主審訂示：
「神佛有自知之明，自己在哪個位階，自己最清楚，轉世的肉身，能行使該位階的法力。有基礎的修行人，自己清楚的。」

★公主開示：
「新宇宙神權，把結算系統，安置於藥師佛居士林道場，修行程度夠好的人，能感應到訊息。
眾生平等，出家，在家，都一樣，不同的，只是各自的累世修為。神權的共識，不搞個人崇拜。」

4.

　昨示：「修行人做到一定程度，自然上天會賜名、利、權其中一項。」昨天讓我選擇要哪一項的時候，一時不知如何回答，因為我想要

的是智慧和真愛，也擔心自己心境程度不足，被「名、利、權」給迷住了。請示公主：先前公主開示過「權力只是工具，用過即放」，我們相信「名和利」應該是一樣的道理。有沒有可能上天賜予「名、利、權」等選項時，我們都不選，而選擇「解脫的智慧」？

★公主開示：
「名，利，權，的賜予，是各隨因緣。
　真相是，愈想要的，愈得不到。」


5.
　昨示：「現在經已經沒有功效，只剩咒，可以念六字大明咒。」能不能恭請公主為我們開示這段因緣，之前聽轉述，她說公主曾開示：「現在已剩聖經和道德經有用」，反而我們佛經失去了功效。這個「失去功效」我們該如何理解？是指「佛經裡頭的教化功能還存在，但不再能啟動宇宙能量了嗎？」又，一般佛教徒認

為：佛是最尊貴的，佛經也是眾多宗教當中最
殊越的，何以如今反而是聖經和道德經有效。
此外,公主曾開示要我將來有因緣講《道德經》,
想必老子（老聃）這個人的來歷也是很不凡的,
是否能為弟子開示老聃這個人的真正來歷。


★公主開示：

「聖經，道德經，都在講做人的道理，所以保
　留，而佛經須有法身佛名做主，才有用，但
　現在高法身，法身的制度，已經廢除了，真
　修實行的肉身，才能行使該位階的法力。
　不用在乎，老子的來歷，只是神權的轉世之
　一，真理，誰來講都一樣，只有人事物的不
　同。」


　　6.
　　昨示：當時在舊神權時代，高法身因使用
法術而被淘汰。戒律那套方式也已不適用於新
神權，我們不走苦行，而走中道。

請示公主：昔日云「佛在世時，以佛為師；佛不在時，以戒為師。」我們因公主恩德，而比其他修行人早知道佛已經降世的訊息，但在這釋迦牟尼佛和彌勒佛真正以肉身應世教化眾生的這段過度期當中，佛門的修行人，尤其是受了戒的修行人，當以何為師？

　　又，我們所知的這些訊息當中，對於舊時代的佛弟子而言，想必他們不能理解和認同，且他們可能認為這是邪說。當然，這種態度是一種冒犯，然而他們會有這種態度，是由於他們的資料訊息尚未能 update 的緣故，能不能禮請　公主和上天慈悲原諒他們的無知冒犯。而我們在未來傳達這些訊息時，該如何因應？因為想必我們也會受到巨大的抨擊。


　★公主開示：

「把人做好，以是非之心為師，

　　受了戒的修行人，也如此。」

7.

「不要募款」和「用自己的能力過活」這兩點也是公主殿下開示的重點。昨日公主也提到：收人供養者，要有能力化解供養者的業力或冤親債主問題，但是還是不要募款。而，若自己的功德量無法處理供養者的業力或冤親債主問題，可能連自己的累世修為都要吐出來還。

因此，想請問：將來捨家出世修行的修行人，在不募款的前提下，如何自處？是否回到「自耕自食」為宜？

★公主開示：

「佛渡有緣人，信者恆信，管好自己，即可。
因，若遇到為了一己之私的人，說什麼，他都不會信，別管他，個人造業，個人擔。
若已捨家，出世的修行人，可以為供養者，唸咒，化解阻礙，自己量力而為，即可。」

按：在 2021 年 3 月 31 日，公主早已開示修行人不要募款，當時公主指示：

「新宇宙神權的開示：募款者，要還的，若
自己的功德量，不足以抵消捐款者的業力，
連累世修為，都會，吐出來賠的。地球人的
迷失，以為，不用還，所以，募款過度。導
致，各宗教及慈善機構，均是，業力，大於
功德力。這是，為什麼，做善事，起不了作
用的主因。請，在宗教，把這些傳遞出去。
能救多少，就多少，隨順因緣。」


8.

昨日聽公主說的確有造物主，而不但有造
物主，且還有創世主，而公主殿下因救了全宇
宙，而被稱為「救世主」。

請示公主殿下：這個與現在佛教徒所認識
的「釋迦牟尼佛開示人是因緣和合而生」這個
說法不同。現在佛教徒普遍認為「沒有造物主，
人的出現就是因緣和合」。

我個人相信公主的開示，也覺得「有創世
主，或有造物主」這件事並不妨礙「因緣和合

而生」這個說法，也就是說「創世主創造世界，造物主造物」的這個過程，本身也可視作一個「因緣和合」。

想請示公主殿下，個人如此理解是否恰當？還是我們應該如何理解這個部分，是不是後世的佛教徒誤解了釋迦牟尼佛的意思？請示公主殿下的看法，或釋迦牟尼佛的見解為何？

★公主開示：

「人是因緣和合而生。

造物主，是舊神權，高法身的存有。

新神權，目前，沒有人，修到此位階，

而我的肉身，靈體，早就超越此位階。

而創世主，是神權的裁判，是不同性質的存有。這些都是相當高階的神權，才能接觸得到，地球人，不用在意，把人做好，即可。」

9.

請示公主殿下：這是屬於個人的疑問，雖

然亞特蘭提斯已經是過去世代了，但我此生很喜歡水晶礦石等物品，也相信這些有所謂的能量（最近已經沒有像以前那樣喜歡）。

請示殿下，這是不是與我個人過去在亞特蘭提斯時代所習得的經歷有關，而現今在新紀元當中，這些石頭還有所謂的能量嗎？

★公主開示：

「水晶，礦石等，有各自的能量，氣場。

但，得地理之助，這一象，已經修正為，

有德性的人，居所，就有地理，

有祥瑞之氣顯現。

若地方，積德的人多，在公共場域，顯現，

例如，南港公園。」

10.

上述紀錄，在未來有因緣時，是可以公開的嗎？擔心會影響到公主安全。上述，若有因我個人智慧不足，而理解錯誤之處，亦恭請 公

主殿下慈悲修正。


★公主開示：

「可以公開。

神權共識，以藥師佛居士林道場，應世人。

未來，輪值佛的神識，均會入住藥師佛居士林道場，有緣人，來此，即能相應。

新神權，第一任輪值佛，由釋迦牟尼佛，彌勒佛擔任，地球已認祂們為主，領導地球的神權。

在 2021 年 9 月 28 日，我已經把管理地球的神權，交接給我師父，釋迦牟尼佛，及弟子，彌勒佛。

第二任輪值佛，神權已定，由大日如來，燃燈古佛，出任。

大日如來，是地球神權，除了我以外，最高階，已修到藍光。」

11.

（補問）請示公主殿下：能不能請公主殿下為「下永恆新宇宙的眾生」開示，在下永恆新宇宙，解脫輪迴的方法。感恩 公主殿下。


★公主開示：

「解脫輪迴？

下永恆，新宇宙，人間已是淨土，天堂。

新宇宙神權，帶領地球人往這個方向，太平盛世邁進。

最後階段，淘汰不合時宜的人事物……把人做好，累積善行，功德量，每一尊轉世的神尊，自帶人間財，做就是，盡己所能，發揮自己的長才。」


＊ ＊ ＊ ＊ ＊ ＊ ＊ ＊ ＊ ＊ ＊ ＊

## 二、2022 年 1 月 10 日　公主開示

「因神權不要讓地球人，平起平坐，不要讓人
　類造次，所以，讓大家稱呼我，公主。不用
　加殿下。」

「新宇宙神權，一致認定，王慈愛是救世主。」

「民不與官鬥，官不與神鬥，神不與天鬥。神
　權已經順應天意，改朝換代，在 2018 年，神
　權，三大公庫，稅收已經換成下永恆，新宇
　宙在收。」

「人間部分，在 2019 年，我重新，再一次打拼，
　讓地球可以進入太平盛世，第五文明的功德
　量。（因為彌勒淨土的功德量，已經用完）」

「而在人間，大家可以看到的是，地球各國家
　評比，台灣是第一名（因我是台灣人）新宇

宙神權，讓台灣人兌現祥瑞，由原本和南韓競爭激烈的行業，從 2019 年開始，到 2021 年，已經拉開距離，台灣躍居全球第一，例如台積電，自行車，鞋業，南韓已經追不上了。這是修行人的轉世，足以庇護一切眾生的事例。」

# 三、2022 年 1 月 13 日 公主開示

2022 年 1 月 13 日請示公主：

由於，目前還在佛門當中，其它領域，我也鮮少接觸，所以目前還是會傾向於「請示您有關佛弟子或佛門未來發展的問題」。

因為，可以預見：在這段轉換進入到地球黃金千年的過渡期，佛教的制度也將會產生巨大的變動，我想這對昔日多數的佛弟子而言，也會造成巨大的心理衝擊。當然，這些佛弟子願意相信釋迦牟尼佛，這是一件好事，但是替他們感到可惜的是，這些佛弟子未能及時把自身的資料庫與時俱進地 update，尤其是在「全星際網路發生這麼重大變革」的時期，很多事情的確已經與舊時代大相逕庭了，甚至有許多變動對佛弟子而言，將會是個「難以置信的衝擊」。

我當初從您聽聞原來「佛階：白，綠，藍，紅，金光，白光最低，佔 20％」時，說實在話，在那時，我原先的宗教觀經歷了一段「崩塌到重構」的過程，簡直可以用「難以置信」來形容。但慶幸的是，隨著證據的顯示，我相信您開示的訊息，而後也讓我了解到：原來宇宙如此浩瀚，也感慨我們凡人常常「被自己所認定的知見」框限住自己，似乎我們凡人很喜歡拿自己的小知小見去揣測宇宙真理，然而實則相距「極」遠，然後又很喜歡拿著這個框架去框限別人。

　　當然，這還是因為世間人乃至絕大多數的修行人，都沒有辦法像您一樣，能夠如此「即時且精確地」了知「瞬息萬變的宇宙訊息」的緣故。不禁讓我感嘆於佛智慧之不可思議，何況您現今已超越佛階，達到宇宙最高層的存有，真難想像您已達到什麼樣的境界，真心佩服。

　　像我如此低階的存在，原是極難接觸到宇

宙最高層的，承蒙您的慈悲，讓我能夠在此向
您請益，並代替地球人請示您問題，真的深感
榮幸。叩請您慈悲加被弟子能為地球人提出「像
樣且對地球人有助益」的好問題。

　　如果個人因為智慧不足，或潛意識裡的傲
慢習氣，在提問過程中，有冒犯公主之處，以
及耽誤公主寶貴時間之處，叩請公主海涵。若
是有不合適的問題，請公主直接略過。


　　1.

　　承蒙公主慈悲，於 1 月 11 日賜予此書名
為《修行人的導航》。雖然在您親著的《2019：
預言到兌現》一書中，已經為眾生 / 修行人開
示了許多修行的心法法要，然而我們對於您的
金口聖言總是不嫌多，不知在您百忙之中，是
否有榮幸請您為此書寫篇「序」，再為我們點開
盲區，指引修行明路？（但願沒有冒犯您才好）

★公主序：

引用使我受益的達賴喇嘛，寬恕一書，所分享：實際上，有點像是閃電擊中他的胸口。他的感覺就像是被電到了一樣。像是電流貫穿過你的全身？

是的，修行人，惟有如此經歷，您的肉身，才有通過考驗，才有和您的累世修為接軌，才能在修行路上，繼續前行。

我非常感恩達賴喇嘛的無私分享，在人間，我敬他如師，也因祂的分享，讓我學習到寬恕，雖然在人間，我們未曾謀面，但意識交流過幾回，這尊已圓滿尊者階，往挑戰菩薩階的路上，在人間，也獲得諾貝爾和平獎的殊榮。

我這一世，是以藥王菩薩，第五次轉世，神尊轉世，自帶各隨位階的人間財。記得小時候，王家一直在買土地，直到我１４歲，父親五兄弟分家產，每人分到至少一甲多的房屋，土地。所以總結，修得愈高階，錢，權，都會愈多愈高，這是世人，最想要的。

2.

以往，七佛有略教戒敕，譬如您的師父釋迦牟尼佛開示道：

「善護於口言，自淨其志意，身莫作諸惡，此三業道淨，能得如是行，是大仙人道。」

是不是能請救世主為我們也開示一句偈。感恩叩謝。（但願沒有冒犯您才好）

★救世主（公主）偈：

「轉世於世間　是來學習的　來完成使命
　遇到的事情　即是須做事」
　天，不知道要成就您什麼？
　法要：做就是。
　神權在評斷一個修行人，重的是累世資歷，
　人品，德性，而不是錢財，權力。

3.

今日我在書上看到「法滅盡」這段文字，想起您於１月８日開示「佛經已無作用」，並開

示「末劫已經結束」。聽聞此訊息，真的是很感恩，您在這幾年，為娑婆世界的眾生承受了這麼多的苦痛，而把末劫縮短成短短幾年，並由於您的修行，讓沒有人想來轉世的地球，躍升為要排隊才能來投生的星球，這真是一件奇蹟。

想請示您：您開示的「佛經已無作用」是相應於釋迦牟尼佛所說的「法滅盡」嗎？也就是說，「末劫已經結束」，我們正進入「等待釋迦牟尼佛和彌勒佛再為我們說法」的過渡時期？

又，「佛經已無作用」這點是單指「回向的功用」而言，還是也含括「佛經裡的內容」？還是說，「裡頭所記載的佛法」，還是很值得學習的？我想，這也會是許多佛弟子關心的問題。


★公主開示：

是，佛經已無作用，等於法滅盡。

已經進入釋迦牟尼佛，彌勒佛的時代，掌管地球的神權，這二尊，已轉世台灣。

在 2021 年 9 月 28 日，我已經將管理地球

的神權交接給祂們。地球已認祂們為主。

目前，我確認的局勢如此。

佛經，只要是講做人的道理，仍是可行。

只是高法身，法身的制度，已經廢除，所以沒用。

咒，可行，因法力來自持誦者的累世修為。

4.

1月9日，您提到:「當以是非之心為師」，這裡的「是非之心」是否指向「因果道理」？

★公主開示：

指分辨是非之心，對的事，就去做，不對的事，就不做，不為利誘。

因果，另指種什麼因，就得什麼果，所以，菩薩畏因，眾生畏果。開悟者，已不種惡因，不造新業。

5.

承上，曾經聽您開示過，之前有頒布「新的天律」。

想必這裡的「天律」不是以往我們認知裡，三界裡的「天」，而是更高層次的「天」。譬如「大天」？

請示公主：將來，我們地球人有榮幸知道這個「新的天律」嗎？它與現在所認知的「因果道理」是否有所關聯？

（公主略過未答）

◆2022 年 2 月 9 日，公主總校審訂暨開示：

我未回覆，天律那則。

因新宇宙神權，也還在測試，有時修正，對該星球合宜的法規（因各星球，維度不同），會由該星球的輪值佛帶領，地球人，不必擔心。

6.

《道德經》第一篇說「道可道，非常道；
名可名，非常名。」叩請公主為我們開示「道」
的真正意義，以及何謂「德」。

★公主開示：

道指規律，宇宙運行的規律，順道走，順
天者昌，逆道走，逆天者亡。

新宇宙神權，帶領地球一切眾生，往太平
盛世的方向走。

7.

您在地球上成就，以往也曾聽您開示道，
期許地球人能永續經營。

在「地球的永續經營」這個項目，請問您
有沒有什麼要囑咐地球人呢？

★公主開示：

地球的永續經營，自有神權做主，地球人，

不必擔心。


8.

2022 年 1 月 8 日，公主開示「狂心若歇，歇即菩提」的重要，同時也提醒所有的修行人說:「這是所有的修行人必過的一關。」當時您開示「這就是定力」。

請示公主:像以往的念佛人，或持咒的人，可能會用念佛持咒……等方式來培養定力，譬如練習安住在佛號中。不知在「下永恆新紀元」中，以我們地球人而言，如果打破宗教的侷限，我們用什麼方式「培養定力」會是最合宜的?

★公主開示:
定力的練習，自律，管好自己，諸惡莫作，眾善奉行，即可。

9.

承上，對於以往「虔誠念佛，求往生淨土」的佛弟子們，您有什麼開示？

像我個人之前很喜歡念藥師佛，想往生到東方淨琉璃世界。而有許多佛子們，他們則是喜歡念阿彌陀佛，想往生到西方極樂世界。先不論「念佛求往生淨土」這件事，念「藥師佛」對我個人而言，念佛的確能有助於淨心（妄念會減少）。

以個人而言，您建議繼續「持念佛號」，還是專心持念「六字大明咒」？或者，要用於回向時，則持念「六字大明咒」或其它咒，平時還是繼續持念藥師佛名？

★公主開示：

光念佛號，作用不大。

持誦六字大明咒，或其他咒，比較有用。

10.

承上，請示您：在新宇宙神權的制度中，阿彌陀佛(法身佛)創造的極樂世界還存在嗎？這些修淨土法門的佛弟子們，是否還能依其所願，念佛求生極樂世界？

★公主開示：

阿彌陀佛，創造的極樂世界，已經不存在了……

把人做好，未來，人間即是淨土，極樂世界。

現在，走在淘汰期，淘汰一切不合時宜的人事物。

11.

承上，能不能請您為我們開示「念佛」的真正用意。

★公主開示：

別只光唸佛，那沒用。

要真心，去把事給做好，才能轉變成功德
量，神權的晉升，只看功德量，是否達到
那個位階的門檻。

（按：1月8日，公主引導：「如何才有功德
量？」麻霖說：真心，真愛與和平。公主開
示：這個沒有白出家。）

12.

您開示道：您此生這麼順，沒什麼阻礙，
是因為都沒有（欠）冤親債主了，又您開示「現
在的神權，已將六道輪迴，修訂為三道輪迴——
——地獄、人、畜生，而多數的星球已執行，現
在地球還未跟上。」

請示公主：新宇宙神權制度中，在「與冤
親債主解冤釋結，永不糾葛」這個區塊上，您
有什麼建議？

★公主開示：

你提問？

我此生這麼順。

哈哈哈，天給我一個天羅地網宮，看我能如何？

懂紫微命盤的人就知道，出生的年月日時為依據。還完冤親債主，解結之後，人生就順遂了，修行路亦如此。

新宇宙神權，以功德量和冤親債主，解冤釋結，永不糾葛。

超渡亡者，淨宅等，均使用功德量。


13.

1月8日您開示道:「要護持，就護持有功德量的地方。」以往，我們是用念經、念咒，或護持道場；或購買善書來回向「化解阻礙，或與冤親債主解冤釋結永不糾葛，或淨化身上氣場…」

請示您：其他地球人，也是用他們相應的

方式做回向嗎？

★公主開示：

新宇宙神權，強調，使用者付費。

（按：但請地球人不要為了一己私欲而誤解、濫用。不要募款，也勿斂財。）

2022 年 1 月 28 日，公主審訂示：「因為，要還的，舊宇宙神權的崩潰，是例證。」

14.

2022 年 1 月 8 日，您開示道：「每個人都有各自的任務，找到自己最喜歡做的，就不會感到累，像她們就知道，我一談到修行，就精神都來了。」

我個人很感恩公主曾開示「說和寫是你的強項」，讓曾經感到生命茫然的我，有了目標，感恩叩謝。

但世上還有許多人茫茫然，不是每個人都這麼幸運能遇到大善知識開解，有許多人不知

道自己該做什麼；或者日復一日地生活、工作，但卻找不到自己真正想做的事；或者經常感到生命的空虛。甚或是離家／出世的修行人也有許多人是落在這樣的狀態裡。不知是否我觀察有誤，目前地球的宗教走向，似乎已難以處理這個區塊。

請示公主，在這個部分，地球人應該怎麼做才好？尤其是針對「生命的空虛、心靈空洞」的這個問題。在黃金千年裡，是不是有可能用新的方式來讓人們徹悟真理，而不要再用現行的宗教方式？我個人覺得現行的宗教已經摻合太多「人為的味道」。

★公主開示：

現在的宗教，很多已經淪為有心人斂財的工具了。

所以，我們不募款，因為知道，要還的，募款太多，無法承擔捐款人的業力，要賠的，我看到時下，很多修行人，賠上累世修為，福報等，不勝唏噓。

15.

承上，1月8日，您曾開示「達賴喇嘛講的，可以看。」

其實，現在宗教有許多亂象，我個人很慚愧，自己在宗教當中學習，但其實自身也還有很多習氣缺點和過失，本來是沒立場去談論到這個區塊。

然而，還是想替地球人請示公主：像我們一般凡人，在沒有「擇法眼」的情況下，有沒有什麼方法去判斷「一個人講的是正還是邪，應該聽或者應該避而遠之」？感恩您。

★公主開示：

判斷正邪？

若那講師或著作，教導，向心，向內修正，為正道。

反之，向外求，即為邪道。

16.

先前您曾開示道:「愛與被愛,是穩定修行的泉源」,而1月8日,您也開示道「現在神權已修訂,大家不再孤單」。在家人可以各隨位階,配對相應的另一半;出世的修行人,或也可有相應的好同參。

這次,想請教您「快樂、幸福、法喜」的相關問題。我感覺:其實現今大多數的地球人,真正感到快樂、幸福的人其實不多,修行人真正能達到「法喜」狀態的人,其實也有限,更遑論能更進一層達到內心寂靜的穩定狀態。

請教公主:對於這種「源自心靈深處的苦」,我們應該如何解消?「愛與被愛,是穩定修行的泉源」固然很美,但是又要如何在這當中,不生起所謂的「情執」或「愛別離苦」?

★公主開示:

知足,惜福,感恩,就能得到快樂,幸福,法喜。

慾望太多,才會內心無法寂靜,不穩定。

源自心靈深處的苦？

其實，事情沒有絕對的好或不好，端看事
情的人的心境，往好的想，就往正能量的
方向走，往壞處想，就往負能量的方向走，
端看個人的選擇。

# 四、2022 年 1 月 14 日
## 公主開示，親述經歷

（一）

因從事中藥行業，那段時間，經常靈魂出竅去救人，也驗證佛經所言，救人一命，勝造七級浮屠，快速完成進階。

印象中，在 87 年，忽然間，脈象通了，隨後展開漫長的中醫學習之旅，在 91 年通過中醫的檢定考，直到 100 年停止中醫特考。命運之神，向我導引，成立藥師佛居士林道場（當時位階，藥師佛，所以，以此為道場名）開始為神權工作，效力。

（二）

會勉勵修行人，一定要有獨當一面的能力，是因在 2013 年一月，當下助戰的陣容，是三百

萬尊一切如來，

到一月底，已加碼至十億尊一切如來，

到二月時，已至一億尊宇宙主宰（永恆靈體）

到三月底，已至十億尊，宇宙主宰，來太陽系，
地球助戰，

不到三天，因寡不敵眾，全部離開，我並不怪
祂們，

當下的處境，太陽系的地球，已是鋪天蓋地的
阿修羅，

漫天的法術，任誰都會走。

那時候，我迅速開啟宇宙黑洞，獨撐了二個多
月，直到法界能量中心（東方淨土的上司），派
代表，循著功德量，找到我，並駐守在地球幫
我，才又有了法界，舊宇宙神權的助力。宇宙
黑洞曾經一天收掉高達 1800 億的阿修羅。

（三）

後來一層層溯源回去，須完成到達再上一層功
德量的門檻，才能完成。到了我的位階是公主

星時，拋掉高法身，真修實行，以肉身行使著該位階的法力，到後面，都以肉身晉升。舊宇宙神權，已頹敗不堪，那時，我把功德量全部捐給新宇宙神權公庫，此舉也為奠定新宇宙神權，紮穩根基。

（四）

直到我整頓完成第三宇宙（地球隸屬於此），新宇宙神權，給我的月薪，折合新台幣（因我是台灣人，所以用新台幣核算）九千億兆元，加發七年多，加班費亦如此，因神權給我豐厚的酬勞，所以讓我有錢幫太陽系，地球付費，張羅好，乾坤萬年歌，姜子牙所預言的一千年太平盛世的兌現，此能量從新宇宙將照拂地球一千年，在 2020 年 12 月 21 日，此能量已到地球，先抵達藥師佛居士林道場，再擴散至全球。

神權在 2018 年，已經渡過末劫，地球人，千萬別走回頭路。
幾經確認，這幾年轉世來地球的孩子，最低門

檻，神仙階。

或許正是先賢的預言：過了末劫年，路上走的
是神仙。兌現了！


（五）

中華文化，中醫的思維，讓我找到方法，解決
問題，舊宇宙神權已經崩潰。另起爐灶，在層
層神尊助戰的努力之下，成功的完成創立新宇
宙神權的功德量。


神權的盤點，全宇宙共保住三分之二的星球，
三分之一，已經爆炸了，來不及救他們。


（2022 年 1 月 16 日 20:32 法明書面紀錄）

# 五、2022 年 1 月 18 日 公主開示

2022 年 1 月 17 日 22：41 請示公主。

公主 1 月 18 日凌晨 00：32 即開示。

公主您好，這邊還有一些問題，想請示您。感恩公主

（按：讚嘆：如此積極迅捷，會成就，絕然偶然。）


1.

先前您開示過「錢等於業，有因果，要擔待。所以不可以收紅包或供養金，也勿做經手金錢的事情。」

想就著「勿做經手金錢的事情」這點請示您。現在宗教機構的負責人，或寺院的職事人，他們之中有些可能是在無可奈何的情況下，而不得不經手金錢，（譬如被寺院要求當會計人員）。

　　請示公主：對於這樣處境的修行人，要如何自處比較好？是另覓他處，還是有何解套的方法？（因為若是龐大的金額，大概不是個人念些咒回向就能抵消的。）


　　★公主開示：

　　錢財，最後是誰所有，業力歸擁有者。

　　若是龐大的金額，無法唸咒回向抵消（所以我們道場不募款）該機構或寺廟，教堂，道場，所創造的功德量，無法抵消業力時，該負責人，收錢的，要賠上累世修為，福報的。



　　2.

　　2022 年 1 月 10 日您開示道：「民不與官鬥，官不與神鬥，神不與天鬥。神權已經順應天意，改朝換代，在 2018 年，神權，三大公庫，稅收已經換成下永恆，新宇宙在收。」

　　感覺這裡的重點在於「順應天意」。看來，「順天者昌，逆天者亡。」這句話是有道理的，

只是有時這句話被古今一些當權者或有心人士濫用，這些有心人士把自己當成天。其實，古往今來，像我們這種尋常百姓，其實也不想去鬥什麼，只想過著太平安穩的日子，如果世間之官乃至神權，都能順應天意，那真是太好了。

請示公主：您在《2019：預言到兌現》中說到曾轉世為周公、墨子。能否請您開示這兩位人物的理念精髓。譬如周公的「天下為公」是如何達成的？又或，墨子「兼愛非攻」的理想……。或者，在這方面您有什麼想對未來地球上的執政者、當權者做提醒的？

★公主開示：

轉世為周公旦，墨子（不是荀子）

得人心者得天下，這是至理。

累世的歷鍊，也是順應當時的使命，及民情，政局。

凡事早已天定，做好自己的使命就好。

沒有必要提醒執政者，當權者。個人造業，個人擔。

3.

現在有些佛教徒認為「靈魂」不是實有，他們用唯識的觀點，認為是第八識—阿賴耶識在輪轉，然後進一步又認為「阿賴耶識」也非實有。

請示公主：您已了知宇宙實相，請問從宇宙實相的層次來觀察，「靈魂／靈體」、「神識」、「阿賴耶識」三者的意涵為何？對於「不是實有」這個詞，應該如何理解才好？

★公主開示：

靈魂，指一般亡魂。

靈體，神識，指有修持，累世有修為的靈。

阿賴耶識，不是實有。可以解釋為不必執著。

4.

承上，禪宗有所謂參「父母生前誰是我？父母生後我是誰？」或者，參何為「本來面目」。

請示公主：在下永恆新紀元中，我們應如何「把人做好」，乃至「恢復本來面目」？

★公主開示：

父母，只是此世轉世的媒介，藉由父母的精卵結合，讓轉世靈體，靈魂，有途徑轉世人間。

向內求，真心的付出，並學習，只要自己比昨天更精進，即可，日積月累，必可成就。

以是非之心，己所不欲，勿施於人，就能把人做好，對一切感恩，凡幫我者，我必報恩。

把自己的才能，權力，錢財，用來幫助須要幫助的人，事，物，如此，功德量就能快速累積，福報也會變大，財庫也變更大。

恢復本來面目？

答：我們自性，本就具足，向心，隨著感覺走，眾生皆可成佛，取決於功德量，是否達到該位階的門檻。

5.

在《梵網經菩薩戒》中，記載：「佛告諸菩薩言：我今半月半月自誦諸佛法戒。汝等一切發心菩薩，乃至十發趣、十長養、十金剛、十地諸菩薩亦誦。是故戒光從口出，有緣非無因故光。光非青黃赤白黑、非色非心、非有非無、非因果法，是諸佛之本源、行菩薩之根本、是大眾諸佛子之根本。是故大眾諸佛子應受持、應讀誦、應善學。」

請示公主：何為「諸佛之本源」？是否能請公主以現代人能理解的詞語，為我們開解。

★公主開示：

諸佛之本源？

當我完成該位階的功德量門檻，層層上去，神權是超大的團隊，涵蓋無形界，各位階，環環相扣。創世主是神權的裁判（也是團隊）

6.

關於「女媧造人」的神話，印象中，公主您曾開示自己曾轉世為「女媧」。

請示公主：您於1月9日開示「人是因緣和合而生」，如此，我們應該如何理解「女媧造人」這則神話，女媧有造人嗎？會不會它其實是記錄了上古時代一段難以想像的事件？只是在後人傳說的過程中，被添加了神話色彩。您能不能為我們開示那時發生了什麼事？

★公主開示：

女媧造人，只是因應當時的局勢，上古時代，如今，時已境遷，不必執著過去，過去就過去了。放眼未來，才有益處。

7.

您曾開示：「你也是地球人。」其實，我一直覺得自己像個外星人，彷彿在地球一直找不到歸屬感。但那回聽了您開示的「你也是地球

人」之後，我才開始生出了「同舟共濟的地球
人意識」。

2022 年 1 月 14 日您則開示道：「神權在
2018 年，已經渡過末劫，地球人，千萬別走回
頭路。幾經確認，這幾年轉世來地球的孩子，
最低門檻，神仙階。或許正是先賢的預言：過
了末劫年，路上走的是神仙。兌現了！」

不論過去我們是何因緣出現於地球，或者
這幾年的神仙階小孩是從何星球轉世而來，總
之，我們現在都是地球人。

請示公主：您是否有什麼想再付囑或叮嚀
「現在乃至將來之地球人」的？恭請 公主慈悲
再為我們開示。感恩叩謝

★公主付囑及叮嚀：

不管您來自何星球？即已轉生地球，就為
地球效力，我亦如是。請守護好地球，愛
護地球，人人有責。

眾神尊，拚上自己的累世修為，層層助戰
渡神劫……，如今末劫已過，大家平安了，

只要守護好各自的星球。

天堂，淨土，即將在人間，全面兌現，新
宇宙神權所帶領往太平盛世的方向邁進。

# 下篇
# 藥師佛親口宣說之修行心法

◆本篇重要說明

此篇為救世主王慈愛（公主）2011 年所宣說，當時公主為藥師佛階，因此，本篇名為〈藥師佛親口宣說之修行心法〉。（公主於 2003 年已是藥師佛階）

2022 年 1 月 16 日，公主親自審訂此篇。

1 月 28 日，公主慈悲親自審訂《修行人的導航》一書，並於此篇之部分內容再進行補充。

1 月 31 日，公主指示「請標示時間，在我藥師佛位階時，提問是 2011 年，因神權改朝換代了，這樣才不會混淆。因我是地球人，所以神權以地球年為標竿，做紀錄。」

（關於此篇，2022 年 1 月 14 日雲深法明進行重 KEY 工作，至 1 月 16 日晨 6：13 完成初稿。上呈後，謹依公主審訂暨補充之內容進行校正。再於 2 月 1 日，遵照公主指示「標示時間」，特此增加「本篇重要說明」以述來由。）

## 一、大局為重

1. 只著力在自己部分易繞回業力，利益他人，路才會寬廣。

2. 以大局為重，什麼苦都忍下了，忍下，把自己的苦吞下，多救一個，就又多一個善人。總會有些問題要學著處理，也是累積自己的經歷。

3. 格局要放大，遇到問題時，感恩，換個角度想就過了。

4. 佛一路走來，不去管別人怎麼想，朝著自己目標前進，所以祂是搭捷運直至佛地。

5. 一絲不苟易得罪人，互利共生，「大家都好」為原則。

6. 培養自己的定力，讓位階主導才不易迷失。將苦當做吃甜頭，吃點虧也沒關係，這只是

虛假的空殼，不造業，往東方淨土走，每世精
進一點，定能到達佛地。

7.吃虧久了，福報就來了。

8.不論再苦，選擇承擔，生命不在乎長短，活得
　亮麗。大家要樹立標竿，都客客氣氣，不去刁
　難別人。當做到本性流露，表修正過去的本
　性，做一個值得讓人懷念的。

9.千萬記得：好過時別淪陷。

10.把自己當成蠟燭，燃燒自己照亮別人。

## 二、與法界相處

> ❧（重 Key 此資料時是 2022 年 1 月 14 日，
> 　　現在已無法界？而是新宇宙神權）
> 　請示 公主：是否將此「法界」，修改為「新
> 宇宙神權」？亦或照先前您開示之稱呼即
> 可？
>
> ★公主 2022 年 1 月 16 日開示答覆：「因是過
> 　去時間的事，所以標定時間，仍稱法界。」

11.法界看大家一目了然，在看你的本性，不在

79

於看你有多少。

12. 不可過了就大尾或不當一回事，時時反省自己，時時感恩法界，將心比心。

13. 以善行回報法界，早已是死掉的人，若沒法界，早已是一堆白骨，何來煩惱。

14. 法界不要求大家十全十美，只要求改過修正。

15. 與法界相處，即放低姿態（不造次）

16. 喜悅的心跟著法界，不要有遺憾、抱怨和眷戀，才不會被冤親債主拖下去。

17. 在任何時機點做對的事，將事情做到圓融，法界挺才重要。
    沒看清表象，哪來的裡子。

18. 捍衛法界，擔你所能擔的，回報法界

19. 以法界的立場看自己，衡量自己和別人的那一把尺若相同，即公正無私。

20. 法界認定的是功德量，沒做到要反省「哪裏要改進」。

21. 如果有把位階看得重要，選擇好了，就會全力以赴。不會把任何一尊神佛菩薩給的建議

和指示看成一般或模擬兩可。

22.法界交待什麼，做即可，不要有自己的意思及害怕。

23.自己未證悟的事，不做評論。

法界會反向考大家，好的就是執行。

害人的就是不做

24.站在學習與輔助，當公僕的心為法界效力。

## 三、謙虛

25.藥師佛曾開示：「我沒比你們聰明，只是比你們早修行。」

26.不可得了便宜還賣乖，更不可輕忽佛的謙卑。

有求，即容易冒犯。

（按：藥師佛是謙虛，我所心滅不邀功，不宣說自己。不要認為祂非得幫我們不可，要懂得感恩。）

27 學習當別人的配角，演好自己的角色。（自己是自己的主角）

28.越有成就、地位的人越難謙虛，但你怎知道

你遇到的是菩薩還是⋯⋯，有的是和善因緣擦肩而過。

29.不要輕易看輕你身邊的人

30.每人資質不一樣，要自己去體悟，學著當別人助力，廣結善緣。

（勿以己心臆度他人、要求別人。嚴以律己則不易造業，寬以待人則少結冤親。）

31.善用法力、權力，謙卑，全心全意輔助他人，不計較。

32.權力只是工具，用過即放。

（按：是用來利益他人，而不是用來滿足私欲，不是要讓自己高高在上。）

33.如果只顧慮到自己就是末法，學習利他之心。

34.不計較，才不枉費送你出家。

35.凡事謙虛感恩，路才會走得長久。

36.不要認為自己厲害，才能遇到更高階。小我（頭腦）與大我（心）要拿捏得宜。

37.放低姿態，站在學習的角色，心清淨，學定力，心不起伏，平和自己的情緒。

38. 不要和別人較勁，不能只想到自己。

尊者階不要以尊者階的視野去衡量菩薩階；

菩薩階亦不能以菩薩階的視野去衡量佛階。

39. 不要跟別人比較，跟別人比較是最傻的，因
為你不知道別人的修為。

40. 不要小看自己，也不要高傲，學著拿捏分寸。

41. 要學會謙卑，能力愈強，愈要謙卑，否則沒
有助力。


# 四、落實心性／修改本性

42. 落實心性（是最重要的事）

43. 明心見性：知道自己本性，願意修正，不再
造業，即開悟，來世也會越走越輕鬆。凡事
反省自己，不去怪別人。

44. 知道自己的本性，願意修正，即走在菩薩道
——明心見性。

45. 真誠地面對自己的心，不管好的壞的，修自
己的本性，把抱怨的時間拿來唸經就過了。
當你覺得自己什麼都很行，即考傲慢。
（按：公主開示，現在是念咒）

46.調自己本性，本性到那，人家也才會服氣。

47.要修改本性，才不會落入困境。

不要太會計較，聰明人當憨人用，是成佛的捷徑。

48.徹底修改本性，善有善報，替別人謀福利。

49.要不斷修正自己，心性如磐石般堅固，看到別人的缺點，修正自己。

付出，做到「我所心滅」，即不邀功，將來定成佛。

50.海印放光：做過的事不著心。

單純地為大方向付出，不求回報，不放心上。

51.我所心滅，即不邀功。

52.了塵勞

讓心，海印放光，即心將所做的一切不著心。

有本事卻不宣揚即真功夫，調整心境即踏上修行路。

不計較做了多少，做了即不著心。

衣服穿得得體就好，學著看淡柴米油塩醬醋茶，也不是說不做，而是別放心上，不然就會變成塵勞，不放心上即可達「海印放光」。

佛經上寫的無我相、無人相、無眾生相、無
壽者相就可讓你想一輩子了。

53. 只要本性良善，不是自私，為大方向而努力，
定會順利過關。

54. 本性謙卑、柔軟心、恭敬心才會過關。若是
自滿則到頂，就開始走下坡，無法挑戰晉階，
位階很快就玩完。而且哪有頂，法界如此浩
瀚。過去就過去了，從這世開始。

55. 不生不滅的境界值得大家努力，那時只有享
福，沒有苦。

56.（過關秘訣）
什麼本性就會考什麼，除非心境是把自己當
死的人，為大局，那考什麼即過。

57. 早已經死的人，有什麼好煩惱。

58. 成功來自於自己的本性。

59. 德性可直至佛地。
如何具備德性？吃虧及修忍辱、不計較。

60. 吃虧久了，福報就來了。

61. 修改本性，修改越快，來世成就越快。
不好的不做，即能上東方淨土。

62. 不要追求神通力，它來自功果，功果到自然成。

（落實心性，才是最重要的事）

63. 修正自己的本性，沒有什麼是非爭到不可的。去我執，成就才會快。

念頭來時，快速轉掉（的方法）：想經書或開示的一句話。

64. 佛沒有的習性也不要有，就是貪瞋癡慢疑，朝這方向修正。而能力即使這世沒發揮，來世也可能會用得到。每一世職業會不同，但能力是不變的。

65. 培養不論什麼事交代到手中，都能完成的能力。

66. 能力是用來幫助人的。

67. 心量要放大，格局大，運才會開。

（按：講到運勢，公主曾開示：「刺青，不管刺什麼，都會影響運勢。」）

68. 攻心為上，以德服人。若以權威，人家表面上服，內心不從，所以要以德服人。

69. 愈是強大的人，心地越溫和。

70.虛心受教，法界給的不就全部進來。

## 五、真心

71.真心為不二法門。

72.真心對待周遭，才能通過任何考驗，真心亦
是修心的捷徑。

73.不論別人怎麼輕視你，你依然真心對待，真
心讚美，有天對方也會被你感動。因到最後，
真心會贏。

74.害人之心不可有，嚴格要求自己不造諸業。

75.害人之心不可有，不可過河拆橋，不要有嫉
妒心。

76.害人之心不可有，即使自己死也不要害人。

77.保有赤子之心，才能有成就。

78.若有赤子之心，成佛最快。

79.像○○有家庭的束縛，不要被束縛就可打開
一片天，沒有分別心，權力和義務要等同。

80.公主曾示：礙嘸著我。

81.將《金剛經》種在識因裡，照著經書所言，
做到，來世才不會迷失。感恩境的不順遂，

才能調整個性。

82.虛空包容萬物。

（按：《藥師經》：處世界若虛空，似蓮華不著水。）

83.把心境放在利益別人，別繞在自己家和自己身上，才不會繞回因果。

84.只要與佛祖有關的事，佛若沒出聲，就別出聲，心裡若有想到別人的立場就不易犯錯。

85.到死都顧好自己的品性就值得了。

旁觀人生有時也會覺得有趣，且生活得不會汲汲營營。

86.上天本沒看好佛，因沒人做到過，但因佛的「無我」，才會超出上天衡量的斤兩。


六、喜悅

87.心要充滿感恩、喜悅、寬恕。

88.常以喜悅的心過，且帶動周遭的人，常內省自己。

89.把自己的苦消化掉，不要苦瓜臉，將喜悅的心帶領周遭，將光芒放射出去，讓大家感受

到希望。

90. 什麼苦都往肚裡吞，是成佛捷徑。

91. 光之燈塔

## 七、處境／面對困境

92. 遇到事情時，什麼都不做，先讓自己靜下來。
（可含珍珠粉，或者去掃地也好。）拿以前
的筆記來看，或許就可以找到線索。

93. 困境時，也願意將自己僅有捐出，好過時亦
如此心念。但要量力而為。

94. 處境不順遂，是讓我們修忍辱，長養慈悲心。

95. 未來都是未知，光明磊落的心去面對。心想
為大家做什麼，就一定會找到出路。

96. 佛法即是簡單，不在於支支節節，一切皆在
於心。

97. 只要幫過自己的，都站在對方立場想。
先幫別人，才會有助緣，不是一直要人幫忙，
先修自己的本性。

98. 無法改變處境就轉變心境，想辦法來解決自
己的困境。

99.越想得到的,越得不到,越想解決的,越解決不了。

　　退開看,以平和的心面對。

100.運用智慧,突破困境,穩住自己的心。

101.處境不順遂是讓我們修忍辱,長養慈悲心。

102.別人說你什麼,還笑笑的就對了,不論別人評論什麼,自己做好就好。

103.不論任何處境都保持笑容。

104.好的處境時,隨遇而安,逆境時當作消災解厄。

105.每個人都有自己的困境要面對,要想辦法面對而不是逃避。

106.事來則應,過去不留。

　　(《金剛經》:應無所住而生其心。)

107.不停留於一切。

108.簡單即佛法,做到即菩提。

109.狂心若歇,歇即菩提。

110.讓心維持平和,像湖水一般不起波瀾。

　　遇事心平靜,才能穩住,有智慧想出應對之策。

## 八、原則

111. 捍衛正法，不碰有錢的事

112. 錢等於業，有因果，要擔待。所以不可以收
紅包或供養金，也勿做經手金錢的事情。

113. 佛過去都捍衛正法，不與人同流合污，所以
有幾世都被害死，但修五、六千年未淪陷，
不看重錢，正心正念，不論到何星球都正
心正念。

和別人比是最傻的，因你不知人家的累世
修為。

114. 真心即是佛法，佛的不怕死也是累世練習
而來的，累世因護持正法而死，壽命其實
都不長。若貪生怕死，怎可能有什麼進展。
而也因佛樂觀的個性，對的方向堅持到底。

115. 跟著願力幫助他人。

116. 每個人都要捍衛一個法源，即使死也在所
不惜。

117. 放下我執，照做就是捷徑，站在學習吃虧也
沒關係，把自己當海綿，能學的，學的淋漓
盡致，幫助利益他人，有天也會回過頭得

到幫助。只照正法走，不因任何人而改變造業。

118.不論你多麼高階，切記能力是用來幫助人的，就會不沾染，不是自己的絕不拿。

119.不是我的，我就不要。

120.站在施的角色才不會繞回因果。若都站在受的角色，認為別人對自己的付出是應該的，這樣的心態才會讓自己一世比一世難過。

121.不要和別人比，也許今天別人跑在前，但還沒到終點。

不用去爭第一名，因第一名通常都被當箭靶。

跟自己比就好，亦不要強出風頭。


## 九、做事

122.不用什麼都厲害，一項厲害就好，其它分配給別人，讓其他人也有成就感。

123.交到自己手中的事，不要想自己不可能，要全力以赴，往正面想。

124. 做任何事不要有心念為利益或某目的才
做。

我們擁有的已夠多，知足、修改本性，穩住
回東方淨土為第一。

認真念經與冤親債主「解冤釋結，永不糾
葛」。經念夠了，自然會有佛祖帶領。不會
平白給予位階，一定是有要大家付出的。

紮穩自己，即是唸經，修改本性，廣結善緣，
多看開示。

按：2022年1月8日，公主開示：念咒。

又，昔日，藥師佛曾開示，回向，加變億咒，
回向文

「祈請天地作主，以〇〇咒〇遍，變〇億遍
的功德回向〇〇〇的冤親債主，解冤釋結，
永不糾葛。」或「化開〇〇〇的阻礙。」（也
可化開事業工作或修行……的阻礙）

> 附，變億咒（七遍）
>
> 唵 三拔惹 三拔惹 波瑪納薩惹 嘛哈藏
> 巴巴 吽 帕得 莎哈

另，藥師佛曾開示〇〇：多看廣欽老和尚

開示。

125.吃點虧沒關係,若自己忍下能讓周遭和諧圓滿就好。

126.替別人著想,盡心盡力,不讓對方有抱怨的心。

127.遇到事情不抱怨處境,不要太多我執,把事情擺第一,提升能量,擴大心量。

128.處理事情不能帶情緒,不生氣才不會弄砸。

129.前人舖路,後人乘涼,但苦的才有功果。培養自己的執行力,交到手上的事情將他完成。

130.心念總是還有什麼能幫忙,不是不想做,而是想著如何執行。

131.只有自己好,別人不好的別做,大我的精神。

132.過關秘訣在於不假思索,真情流露為對方好。
只要對方幫助過我就是感恩,這件事若是會讓對方受傷害或傷心的就是不做。

133.要處處做到圓融,不要為難人家。

134.厲害的是法界，很多事都冥冥注定，所以
做好當下就好。

135.心不用想自己沒什麼可以幫，而是放在自
己還能做什麼。

為公的才能打開困局，想回饋的心一定會
過。

沒錢，出力也好，法界看的是心意。

> 按：
>
> 藥師佛亦曾開示：「不要說是幫忙，要說
> 是發心。」
>
> 公主 2022 年 1 月 31 日除夕對此再開示：
> 「發心，自己有心做任何事，才能變成自
> 己的功德量。在修行路上，沒有人會白做
> 任何事的。」

136.遇到困境，想辦法解決，不要什麼都不做。
就算下一秒死，也要盡心盡力答謝，感恩
到底，不論結果如何。

137.以事件為重，不要將個人情緒融入，學著
管理自己的情緒，八風吹不動。

138.還能做，要感到幸福。為公，苦很快就過。

139.當自己思緒困住時，以「打掃」最快清掉阻礙。

140.當個善良的人，多做善事，不用算命，善事做多了，自然福報就來了。

141.站在付出的角色，感恩的心面對。
這世四肢健全，要很感恩，歡喜心做，不要不耐煩。

142.多用點心，結果就不同，凡事無我，以大局為重。

143.重內涵不在表象，淡化自己，不要把自己看得太重要。
好過和不好過，心都自在不迷失，幫大家安排的即是捷徑，照做即可。

144.具足感恩，低調、謙卑，不要硬碰硬，正道而行，感恩對方幫忙消業。正心正念，心想還有什麼可以為人效勞的，無我。

145.凡事站在對方立場想，才有轉機。

146.法界丟的處境是你應受的，亦是看你這修行人有多少能耐。要做不做而已，丟的處境做過了，有做，結果就不同。

（按：2022年1月8日，公主又示：「不然怎麼丟給你，不丟給別人。」此是對每一位修行人而言，而不是對個人而言。）

147.苦難，做一些公的抵消，將苦轉換掉，吞入就好。人怎麼做怎變，停止抱怨。

148.歡喜心做任何事，結果就會不同，要如虛空不邀功。

149.利益他人，回過頭來亦是利益自己。

150.做任何事，完成後不着心。

（按：請參照「海印放光」那幾則開示。）

151.衣服穿得得體舒服就好，學著看淡柴米油塩醬醋茶，也不是說不做，而是別放心上，不然就會變成塵勞，不放心上即可達到「海印放光」。佛經上寫的「無我相、無人相、無眾生相、無壽者相」就可讓你想一輩子了。

152.心越穩，得到的越穩。有利益目的在先，做的就不是善行。
聰明的，就是說的跟著做，放下自己，才有辦法跟。無我，速度才會快。不和業力牽

絆，就先拋掉成見。

（按：「就是說的跟著做」，指的是「佛菩薩教導的方法」。）

153. 有目的，那那件事就不美了。

155. 不要雞腸鳥肚，認為是在為佛做，其實都是在累積自己的部分。

155. 不能因自己高階，要尊重每個人的專長。

156. 捷徑就是「不要想，做就對了。」本來就過了河，卻又拉回來，所以別想，多做。

157. 普賢菩薩和文殊菩薩有一世就窩在廚房一輩子煮飯，為的是磨自己的本性。無爭，多做，累積功德。

158. 學會不邀功，本來就應該要做的，且連回報都微不足道，何來的邀功，位階越高的越謙卑。

159. 止住妄念最好的方法就是做。

160. 事情處理過，不想它，即不會再考同一題。

161. 遇到過不去時，要善用周遭資源，不要坐以待斃。要想辦法解決問題，要做不做而已，不計較才叫義工。

162. 做到口出蓮花，周遭對你若完全沒怨言，還給你按讚，你就贏了。人言可畏，所有人都攻擊時就慘了。而所有人都認同時就快成局了。做好自己的本份，總有一天會贏，跟自己較勁還贏才厲害。讓自己定下來就過關，讓自己的氣場時時散發開心就贏了。

163. 善心善念總會找出自己的一片天，付出絕對不會比較差。付出是辛苦的，但最後總會有結果。

164. 凡事順天意，最重要的顧好自己的心。

165. 不要把自己擴大，亦不要「覺得自己厲害，認為這件事非自己不可」就會過。

166. 凡事站在圓滿為考量，不要有怨，不要畏懼，佛祖幫忙才會進入。

167. 趁活著趕快做，不要覺得自己特別。

168. 工具是拿來做事，完成後即放，不沾染，為對方著想。

169. 權力、錢、任何東西皆當成工具，用完即放。

170. 勇於承擔，不退縮，就會感到天來幫你。

不論多辛苦，對的方向勇往直前，堅持到底。

171.不讓周遭的人有怨，做到圓滿。要會運用周邊的事物。

172.佛有這樣的位階，是因從沒認為自己偉大，不認為非自己不可。

173.藥師佛：我只是比你們早修行而已。

174.要站在對方立場想，將功勞歸給對方，以圓滿為主，不要讓幫的人有怨。

175.互利共生，自私自利只會讓自己陷入困境。

176.要豎立威嚴，凡事感恩，以事情為原則。有權力，不要迷失，要學會拿捏分寸。

（按：豎立威嚴，指先立德，所謂「威德」二字，「威」須以「德」為基礎。「威嚴」是指有原則，有儀則不苟且，並非讓自己高高在上，請勿誤解。）

177.事來則應，過去不留。

178.不要怕做，做任何事，用心完成，不要去想有任何利益。

179.化阻力為助力為最高準則。

180.學著不情緒化，以事情為主，就不會因個
人的情緒而誤事。

當你能力較強時，包容和不傲慢就是很重
要的課題。

181.學會放下，不然因執著而落入輪迴就很可
惜。

事情或許最後沒達成，但朝著這方向努力，
過程盡力就好。

182.不要害怕，越怕越糟。遇事想出應對的方
式。

越怕就越入那個境。遇事先冷靜，智慧即
生。

183.當覺得非怎麼做不可時，大概都在考試。
任何事情擺在「圓融、大家都好」就會過
關。

184.如果有兩個人，能讓別人先好，這就是不
爭，這就是肚量。

185.不要做什麼都要呼朋引伴，修行路才不會
拖泥帶水。
事情簡單做，才做的長久。

186. 看到東西，若不知道是什麼就不要理會，不然會一堆事情。

187. 大量的善行，來世有困境時，也較易有貴人。

188. 事緩則圓，上天有賜予權力時，不要急著表現，亦不躁進。待法界下放權力時，亦謙卑執行。

189. 不要想，做就好了。真空中還有妙有。

190. 交待的事將它完成，不要逃避，這樣總有一天會實至名歸。

191. 沒有所謂帶天命，只有承擔，但承擔並非有功德，要做完才算。

192. 一直想要有功德，也沒有功德。

193. 會抱怨的永遠是員工，成功的人遇到事情要想辦法解決。

## 十、修行

194. 來世都從一張白紙開始，待肉身轉則會和過去的修行領域接軌，每一世都圓滿回東方淨土。不要想享福，修行路一定苦，所以

人家才會尊重服氣修行人。一定要修改自己的本性，本性沒有不好的習氣，怎麼考都會過。

195.隨緣，師父領進門，修行看個人，不着心。

196.不做表面工夫。

197.記住這些刻骨銘心的苦難，以後較不易淪陷。

198.不斷磨鍊，修行自己，也修正自己，連不好的潛意識都不要有。

199.不要有負面想法，會把自己往下拉，內心要告訴自己「一定可以過」。

200.凡事內省，修行路才能邁開大步往前走。

201.不計較，修行路才走得長遠。

202.注意自己的言行舉止，才不會讓佛蒙羞。大家有今天皆祂拚來，所以嚴格考大家是合理的。

讓佛祖蒙羞的話，十八層地獄也不夠下。

203.要去除我執，修行路才會跳躍式成長。

204.多念經咒，會藉由音波之發送，有療癒之作用。

205.願意修正自己,人家自然會幫。心要定,才不會得到的又沒了。

206.看到自己缺點,趕快修正。認為自己厲害,就不易看到自己缺點,永遠也不會進步。來世亦趕快和累世修為接軌,事情以大局為重,即使死了也沒關係。

207.每個人都只有 24 小時,法界只看結果,不管你要忙什麼,修行路超過一切就過了,穩住位階,其他的做不好,叫才怪。處境未到達時,就是忍,忍辱是每個階段必備的。

208.懂得反省的修行者歸上天管,反之歸輪迴地府管。

209.修行在於「心不沾染」,修行才能似蓮華螺旋直上。

210.修行路很難過,但苦難後必有成就,所以感恩你的苦難,不抱怨。

211.沒有人非要幫你什麼,自己若無心,能幫的也有限。

212.大家累世無修為,不迷失已很好,看好的,就會很好過。

213.大家都要從初階靈挑戰，挑戰晉階時，其
　　生活都不會太好過，因太好過也無法成就。

214.每個人都要有一世開悟，開始不造業，來
　　世就是償還冤親債主。

215.學會融入人群，廣結善緣，將來挑戰佛階
　　才有助力。

216.勿看表面，也勿和他人比較，向外比就易
　　迷失。現在讓大家學習，以後要獨當一面，
　　有天也會成為引導他人的一盞明燈。培養
　　自己這樣的能力，一個方式說服不了，就
　　換一個方式。

217.培養定力與耐力，任何要將你往下拉的當
　　冤親債主，不要受影響，不是東方淨土，別
　　往那走。

218.要做到像蓮華不沾染。

十一、信受

219.真心認同，簡單就會過，不要模擬兩可，好
　　過就覺得沒那回事，雜思太多較慢過關。

# 十二、內省、不外求、無所求

220. 無所懼，無所求，開示任何一句入心且做
    到，即得到佛祖加持，將來定成佛。

221. 不要往外看、往外求。「無所求」才不易冒
    犯。

222. 不能一直要求別人給什麼或幫什麼，要想
    想自己做了什麼。

223. 無所求，亦不要讓幫過我們的人受委屈，
    無論當下怎樣，自己苦也沒關係。「不要在
    乎自己，什麼都會過。」此為心法。

224. 永遠往內省，不要向外求，這樣就不會去
    傷害人。

225. 穩住，遇事內省，吃點虧無所謂，亦在修
    忍。

226. 凡事水到渠成，不必求，做到了自然擁有。

227. 不要想得到什麼，站在付出的角色。

228. 以後總有自己搭舞台的時候，不是成就是
    敗，凡事內省，不要向外求，寧可自己苦，
    也不要讓你的貴人受傷害。

229. 無所求。只要有所求即陷入枷鎖，隨遇而

安。

已經很好了，不要和別人比較。

每個人都有自己的任務，功德量到哪，即代表心性穩到哪。

230.不要要求，要求容易冒犯。不要求，做到什麼自然擁有。

231.學著不邀功，想通「不是自己的力量」，並不一定會過關，仍要時常反省自己。

232.要學著淡化七情六欲，不好的別做，不是自己的勿強求。

眼光要放長遠些，不要只看這一世，積極做，眼界放寬廣，不要只侷限在自己的事。

## 十三、佛經

233.佛經講的中心要點都於心，心即是道場

234.「經」不是要求背，而是你做到沒，且適用當下，帶你走過關卡，如同船渡人，過即不背。

235.《一切如來心祕密全身舍利寶篋印陀羅尼經》是修心的密碼，多唸能解碼開智慧，迴

向時化解所有阻礙即可。

236.《心經》是《楞嚴經》的縮版。
「不生不滅」是智囊團的境界——永恆。

237.多念《心經》，消業，開智慧。

238.《金剛經》是成佛的要旨，思考過了，想通了，做到，一定成佛。

239.將《金剛經》種在識因裡，照著經書所言，做到，來世才不會迷失，感恩境的不順遂，才能調整個性。

240.事來則應，過去不留。

241.緣起緣滅，不着心。

242.淡化七情六欲，一切保持中道，不造業。
每世都是還的角色，善用經咒及善行化解阻礙。

243.經咒唸入心後，要求自己做到。

244.念經是每位修行人必經的過程，不要跟別人比，比昨天的自己好就好。

245.經書上勿寫字做記號、毀損。

246.回向：它能讓我們與冤親債主解冤釋結，永不糾葛。大者可幫助國家社會人群，解

決困難。

功德：助人，累積自己的福慧。

（某寺院定功課要回向給天魔，一沙彌不
想回向給天魔，心生煩惱，請示公主。）

公主彼時開示：端看回向內容。若回向是
與魔解冤釋結，永不糾葛，有助大家不受
干擾，是件好事。

## 十四、知足、感恩、寬恕、愛

247.以後好過時，要記住難過時是誰相挺。

248.不可過河拆橋，要湧泉以報，廣結善緣，來
世說不定都會遇到。

249.感恩自己的困境，遇人刁難不生氣，化阻
力為助力，想辦法突破。

250.大家要很珍惜自己擁有的，將感恩尊重放
第一順位，戰戰兢兢，因大家背後都有因
果。

251.任何處境，任何困境，把它轉感恩，化阻力
為助力。

252.感恩到底，什麼都過了。

253.感恩到底及寬恕仁厚。

254.感恩苦難才讓我們有機會省思，不要造業成就別人。

255.感恩到底，是通過災難的捷徑，不要在乎那一點小錢，不要認為別人應當要幫你什麼，能回饋時盡量做，把自己當義工，歡喜心做不就很快就能圓滿，不要計較誰有做誰沒做。

256.心定，感恩到底，是成佛的捷徑。

257.任何心境以感恩出發就定會過關。

258.寬恕你的敵人，給對方，也給自己一條路。

259.發自內心感恩才不會回業力，亦才能觸動佛，是成佛的捷徑。

260.不會顧自己的出生地就大錯特錯，別人欠我們的不要索討，我們欠別人的努力還。

261.愛與被愛是穩定修行的泉源。

262.若有恩於你，要湧泉以報。

263.不論順境或逆場皆以感恩的心面對，有時也可幫助突破困境。

264.知足，感恩，不計較，一定能通過任何考

驗。

265. 受人幫忙，要懂得感恩，才不會變冤親債
    主。

266. 不抱怨，遇到苦也甘之如飴就提升了程度。

## 十五、錢／物

267. 不要收入任何一筆錢，因其背後有因果，
    要擔待。

268. 錢要運用得當，可助人，與人結緣。

269. 錢要運用到對的地方活用，想自己已經擁
    有的就會樂觀。

270. 運用紅包，真的受力會減輕，記得有什麼
    過不去時，就善用。

    （按：不是指收入紅包，公主開示「運用紅
    包」的方法，是說，例如自己拿一個紅包
    袋，寫上「祈請天地作主，以現金○○元的
    支出將○○○的災難轉出，感恩天地，感
    恩叩謝」。）

271. 修行越好的人，若收了別人的東西，還的
    越多。

## 十六、冤親債主

272.不要捅人一刀才說抱歉，那傷口和疤痕都在。

273.原諒自己的冤親債主，不要討，站在有欠的儘量還，才不會一直在輪迴因果打轉，給自己也給別人一片天。

274.嚴以律己，才不易造業。
寬以待人，才不易有冤親債主。

275.別人欠我們的不要討，我們欠別人的要還。讓別人有生機，也是為自己開路。這是能出離輪迴之法。索討，就會困在輪迴中。

## 十七、考試

276.周遭即是考題，把周遭做好，委屈自己，成就別人，是成佛的捷徑。心思格局要放大，還活著時積極做。把自己當成死的人，還有什麼過不去的，還能呼吸就要很開心了。

## 十八、其它

277. 不迷失，就是最好的回報。

278. 凡事看淡，維持中道，越執著的越會考。

279. 在東方淨土和其他神佛菩薩好好學習，穩住心性後，再去投胎。

280. 信受多少，就得多少，每天至少唸一部經，認真工作，認真生活，把眼前的事做好。

281. 天女散花落在菩薩身上則直接落，落在尊者身上還會停留一下，因尊者還有個人，較自私。

282. 真心懺悔，就是不再造業。

283. 無我，速度才會快，不和業力牽絆就先拋掉成見。

284. 說話的聲調和技巧要讓人家聽得進去。若聽不進去，就沉默。有時一兩句話就能引導人。

285. 若夢到自己手上有綠玉手環，或 108 顆綠玉珠子，即自己成佛。

286. 不要有分別，人會有成就，一定有某方面實力，亦不要隨便批評他人的修行方式。

287. 心念若是有什麼需要幫忙的，盡力幫就會過。

288. 肚量如同腸子，亦要慢慢撐，才不會撐太快而破。

289. 吃虧久了，福報就來了。

290. 如果一直都改不掉，就是業力重。

（按：指「習氣」）

291. 想想現在比過去好就應感恩。不然本來淪落乞丐，什麼都沒有。努力做，消自己的業，去幫助他人也走菩薩道。想想還有人比我們更苦，善用這個有用身去利益他人。去體會透風落雨時，一個人奔波的心，就是為你們好，一個人屈在那邊，就是為你們好，用這樣的心去做事。

（按：有一母親五十多歲，為了救業力深重的孩子，甚至在風雨中奔波，就是為了祈請公主解救其子。當中她按照公主指示，打金剛結與人結緣。聽說此位慈母當時為了要做到一定數量，做至夜間，倦極，愛子心切，用綠油精抹在眼皮下，一個人熬夜

坐在那邊，耐著性子打金剛結。公主藉此
開示「以此無私真心去利益他人」。）

292. 當義工的心態。

293. 此生功課，圓融。目標，回東方淨土。

294. 覺得自己厲害，就快倒了。

295. 吃虧也沒關係，圓融不計較，回東方淨土
才是賺到。戰贏自己修改本性，凡事不抱
怨，有困境才有成就。以德服人，讓人發自
內心的服氣。

296. 周遭的人就是我們的道場，都在度我們的
心。

297. 行得正，不妥協，不同流合污。

298. 佛菩薩沒有的習性，都不要有。

299. 趁著這一世能遇到佛，好好消業。

300. 去掉我執。（按，譬如：高學歷……的我執）

301. 不是關係親近就可以造次。

302. 公主 2012 年 9 月 28 日開示ＯＯ：此生奉
獻菩薩道，利益眾生，真心且盡力做到。

303. 不要怕，凡事要面對，看到任何事，平常
心，不可逃避。

304.待人處事皆以利他行，妄念漸除。心為要，能知能行，經典為輔。功課之外，以《藥師懺》為主，先消業。多做，消業最快。

305.怕人家知道的，都不要做，理智一定可以戰勝欲望。

藥藥俱幻把心安
師師相證總心傳
法法相通無相處
門門契入天地寬
——雲深法明偈

# 後記

　　從 1 月 8 日公主指示要著書，到昨日 1 月 17 日與出版商接洽，回顧起來，竟恰巧十天。

　　很巧的是，今日早晨隨手拿了一包咖啡，這一組的咖啡，似乎每一包的名稱都不一樣，有黑茉莉、三顆寶石……。今天這包，品名恰巧是 10 / 10 十全十美，感覺是個很棒的徵兆呢。

　　因為是公主指示要完成的事，其實我感到有些壓力，在時間上也不敢拖延。十天能初步完成，說老實話，我感到出乎意料。以往，自己在做事情，似乎較容易拖延，或擔心哪裡沒弄好，或哪裡不完美，所以，一件事情，老是要用很久。自己感覺：這樣擔心東顧慮西的心態下，反而不太容易把事情做好。

這次，真是不禁感到：公主，乃至新宇宙神權在辦事，真是迅捷。

　　有一回上呈提問時，已是 10：41 p.m.，想說應該公主應該明天白天會答覆。沒想到，公主凌晨 00：32 就回覆了。

　　隔日，看到回覆時，我不禁感嘆：「超積極，會成就，不是沒有原因的。隨喜讚嘆。」

　　這本書裡面的內容，真的很殊勝、珍貴。要遇到真修實鍊且修行有成，且願意提點我們的大善知識，實在不容易。

　　然而，我自己目前身在佛門中，我也清楚：裡頭有一些內容，會對一些佛教徒造成很大的衝擊，甚至可能會有一些佛教徒會因此批判或抨擊。譬如書中記錄「公主最近對於念佛的一些相關答覆」，假若是一個「念了大半輩子佛的人」，若要他相信「現在沒有西方極樂世界」，

說實在話，這簡直是要這個人推翻自己的信仰。

　　所以，對您們而言，我並沒有要誰非得相信這些內容不可，只不過請各位讀者，尤其是佛教徒「不要輕易批評」，而能「抱著開放的心胸」來看待這些開示。因為，您若還是願意堅持您的信念，還是想要「念佛求往生」，我們真的也沒攔阻您。所以，您倒也不用急著跳腳，不妨就當作「考驗您對這句佛號的信心」好了。而且，時間會向世人證明一切的，不是嗎？

　　只是，在自序裡，也跟您們分享「我原先的宗教觀經歷了一段『崩塌到重構』的過程」，對我個人而言，隨著一些證據的顯示，我選擇相信。我相信「下永恆新紀元已經來臨」；也相信「舊宇宙神權已經崩解，現在已是新宇宙神權」；也相信「地球已經揚升至第五維度，地球人類已進入第五文明，地球進入黃金千年」……。

是以，在此也重申一下：為什麼自序會以「趕緊 update」來作標題？

因為，我們凡夫對於森羅萬象又瞬息萬變的宇宙，所能了解的真是太有限了。就連我們這個地球的大海，我們都所知甚少，更不用說到外太空或是其他維度，乃至宇宙高層了。

因此，對於我們所不知道的事，多保持一份謙卑，多一點彈性的心態，再以理性客觀的態度去觀察，這樣不是也很好嗎？

您不妨去看看這本書裡頭，救世主開示大家的修行心法，去檢視看看有哪些開示，是有助突破自己的盲點，是我們在修行上可以拿來用的。這樣，會比您「在那批評這、抨擊那」來得更有正向意義。

救世主將此書定名為《修行人的導航》，是對地球人相當相當慈悲了，其實，祂也大可不

120

用管我們這些地球的修行人修得成或修不成，因為，祂並沒有負欠我們什麼，不是嗎？反而是我們在祂的庇護之下，地球才能轉危為安，地球不但免於被阿修羅靈佔據，也免於星球爆炸的危機。

真的，要珍惜，要感恩。救世主在這過程中，所承受的苦難是你我都難以想像的。

我們沒有理由得了人家的庇護，還要去批評人家，這豈不是忘恩負義？況且，就著「守護地球」這事來說，相形之下，我們可謂是一點心力也沒出。

所以，為什麼請大家趕緊 update，因為您若真正去了解，進而去體會這十年來，地球究竟遭遇了什麼，宇宙究竟發生了什麼，您就會知道：今天你我還能在這地球上生活，這真是「極為難能可貴」。

最後，期許各位朋友們以及雲深，都能提升心靈層次，都能揚升到更高維度，共享黃金千年，與下永恆新紀元接軌，而終能圓滿阿耨多羅三藐三菩提。

　　　　雲深法明　謹誌於 2022 年 1 月 18 日


　　◆救世主王慈愛 2022 年 1 月 28 日審訂《修行人的導航》一書。並指示：「之後『下永恆新紀元』改為『下永恆新宇宙』，因這樣會讓人比較能理解。」

　　然，此〈後記〉於 1 月 18 日已整理紀錄，為讓人們了解「下永恆新紀元」即「下永恆新宇宙」，因而，於「本書部分行文中」及「此〈後記〉」，仍保留當時用語。

國家圖書館出版品預行編目資料

修行人的導航／王慈愛講述；雲深法明（俗家名：
王麻霖）編著. ── 初版. ── 臺中市：樹人出
版，2022.04
面； 公分.
ISBN 978-626-95082-5-9(平裝)

1.CST：佛教修持

225.87                                         111001366

# 修行人的導航

| | |
|---|---|
| 講　　述 | 救世主王慈愛 |
| 審　　定 | 救世主王慈愛 |
| 編　　著 | 雲深法明（俗家名：王麻霖） |
| 發 行 人 | 張輝潭 |
| 出　　版 | 樹人出版 |

412台中市大里區科技路1號8樓之2（台中軟體園區）
出版專線：（04）2496-5995　　傳真：（04）2496-9901

| | |
|---|---|
| 專案主編 | 李婕 |
| 出版編印 | 林榮威、陳逸儒、黃麗穎、水邊、陳婉婷、李婕 |
| 設計創意 | 張禮南、何佳誼 |
| 經銷推廣 | 李莉吟、莊博亞、劉育姍、李佩諭 |
| 經紀企劃 | 張輝潭、徐錦淳、廖書湘、黃姿虹 |
| 行銷宣傳 | 黃姿虹、沈若瑜 |
| 營運管理 | 林金郎、曾千熏 |
| 經銷代理 | 白象文化事業有限公司 |

401台中市東區和平街228巷44號（經銷部）
購書專線：（04）2220-8589　　傳真：（04）2220-8505

| | |
|---|---|
| 印　　刷 | 基盛印刷工場 |
| 初版一刷 | 2022 年 4 月 |
| 定　　價 | 640 元 |